FEDERIGO FIORILLO

36 ETÜDEN (CAPRICEN)

36 ETUDES (CAPRICES)

für Violine / for Violin

Herausgegeben von / Edited by

Walther Davisson

C. F. PETERS

FRANKFURT/M. · LEIPZIG · LONDON · NEW YORK

VORWORT

Die 36 Etüden von Fiorillo zählen mit Recht zu dem klassischen Studienmaterial der Violine. Neben den Etüden von Kreutzer und den 24 Capricen von Rode gehören sie zum unentbehrlichen Rüstzeug in der Ausbildung jedes Violinisten.

Während in älteren Ausgaben nur spärliche Fingersatzangaben „pour faciliter l'exécution aux amateurs" zu finden sind, fehlen Vortragsbezeichnungen überhaupt gänzlich. Wo solche in späteren Ausgaben vorhanden sind, stammen sie also offenbar von dem betreffenden Herausgeber.

Die vorliegende Neuausgabe ist bestrebt mit allen Mitteln der Dynamik, der Phrasierung, des Fingersatzes und des Bogenstriches *das Musikalische* in den Vordergrund zu rücken. Der Schüler soll in dem Studium der Etüden nicht ein notwendiges Übel von trockenen Übungen, sondern im Gegenteil *Musik* erblicken und möge dazu angehalten werden, durch sinngemäße Gestaltung des Vortrags das violinistische Klangbild zu beleben. Richten sich doch die technischen Mittel, welche man verwendet, in erster Linie nach der musikalischen Absicht, die im Vortrag zum Ausdruck kommen soll.

PRÉFACE

Les 36 Etudes de Fiorillo passent à juste titre pour une œuvre classique. A côté des études de Kreutzer et des 24 Caprices de Rode elles appartiennent à l'équipement indispensable dans l'éducation de chaque violoniste.

Dans les éditions anciennes on ne trouve que des doigtés parcimonieux «pour faciliter l'exécution aux amateurs»; les indications au sujet de l'interprétation manquent complètement Et, si dans les éditions postérieures, il s'en trouve quelques-unes, celles-ci proviennent évidemment de l'éditeur en question.

La nouvelle édition présente s'efforce avec tous les moyens de la dynamique, du phrasé, du doigté et du coup d'archet de placer *l'idée musicale* au premier plan. L'élève ne doit pas voir dans le travail de ces études une nécessité fatale, des exercices arides, mais au contraire de la *musique* et on l'engagera à animer la sonorité violonistique par une interprétation bien comprise. Les moyens techniques que l'on emploie se conforment en tout premier lieu à l'idee musicale du morceau exprimée par une bonne exécution de celui-ci.

PREFACE

With great reason Fiorillos 36 Etudes belong to the classical material in the Literature for the study of Violin. Like Kreutzer's Etudes and Rode's 24 Caprices they are indispensable to **every** violinist.

The older editions, while containing very few suggestions to fingering "pour faciliter l'exécution aux amateurs", had absolutely no marks for expression. It is evident then, that whatever marks there may be found in later editions, they are suggestions made by the various publishers.

The aim of this new edition is, by all means of dynamics, phrasing, fingering and bowing, to put the accent on the *musical* qualities. The student should not regard the study of these Etudes as a necessary evil of dry exercises, but, in the contrary, should see *music* in them and therefore be convinced to enliven the violinistic phrases by ingenious performance.

The technical means should get their direction exclusively by the musical idea, that is to be expressed.

WALTHER DAVISSON

ZEICHENTABELLE

TABELLE DES SIGNES / EXPLANATION OF THE SIGNS

———

⊓ Abstrich	tirez	down bow
V Aufstrich	poussez	up bow
Sp. Spitze	de la pointe	at the point
M. Mitte	du milieu	Middle
Fr. Frosch	du talon	at the nut
G. B. mit ganzem Bogen	tout l'archet	whole bow
u. H. an der unteren Bogen=hälfte	moitié inférieure	lower half
o. H. an der oberen Bogen=hälfte	moitié supérieure	upper half
————— breite ⟨détaché⟩ Striche, liegender Bogen	détaché, l'archet à la corde	détaché, the bow never losing contact with the string
. . . . . . kurze Notenwerte, ge=hämmerte, leichte oder springende Striche	coups d'archet séparés, martelé, léger ou sautillé	short strokes, martelé, light or springing bow
// etwas absetzen	respirez, lever l'archet	lift the bow
I auf der E=Saite	sur la corde de mi	on the E string
II auf der A=Saite	sur la corde de la	on the A string
III auf der D=Saite	sur la corde de ré	on the D string
IV auf der G=Saite	sur la corde de sol	on the G string
restez — in der Lage bleiben	restez dans la position	stay in the position
_____ Finger liegen lassen	ne pas lever le doigt	keep the finger down
⌞__⌟ ⌐—⌐ in die benachbarte Lage zurück= oder abgreifen	extension dans la position voisine	extension into the next position
Quint aufsetzen	fixer la quinte	stop the fifth

Bei doppelten Fingersatzangaben sind die Fingersätze ober= und un=terhalb des Notensystems genau auseinanderzuhalten.

Lorsqu'il y a deux indications de doigtés au-dessus et au-dessous de la note, celles-ci ne doivent pas être mélangées.

When two fingerings are given above and below the note, care should be taken that they be not mixed.

INHALT / TABLE DES MATIÈRES / CONTENTS

Zu Fiorillos Etüden ist eine Begleitstimme (= Violine II), komponiert von Louis Spohr, in der Edition Peters erschienen. Bestell-Nr.: EP 283b

ETÜDEN

№ 1

Fr. Fiorillo
1753 – 1823

10763

№ 2

No 3

No 4

9

* 1. Finger auf 2 Saiten — Le premier doigt sur deux cordes — First finger on two strings

Edition Peters
10763

№ 5

Allegro

Bei der Wiederholung *pp*. Sp. ⋁
A la répétition *pp*, poussez, de la pointe
Repeat *pp*, point, up bow

№ 6

Andante sciolto

* Ausführung:
Exécution:
Execution: a)  angehaltener Triller ohne Nachschlag
arrêter le trille sans terminaison
sustained trill without grace notes b)

N⁰ 7

10763

№ 8

No 9

Wurfbogen unter der Mitte | Sautillé en dessous du milieu de l'archet | Jumping bow under the middle of the bow

№ 10

№ 11

Mit liegendem Bogen. | L'archet ne quittant pas la corde. | The bow resting on the string.

Moderato
détaché

№ 12

No. 13

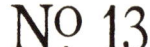

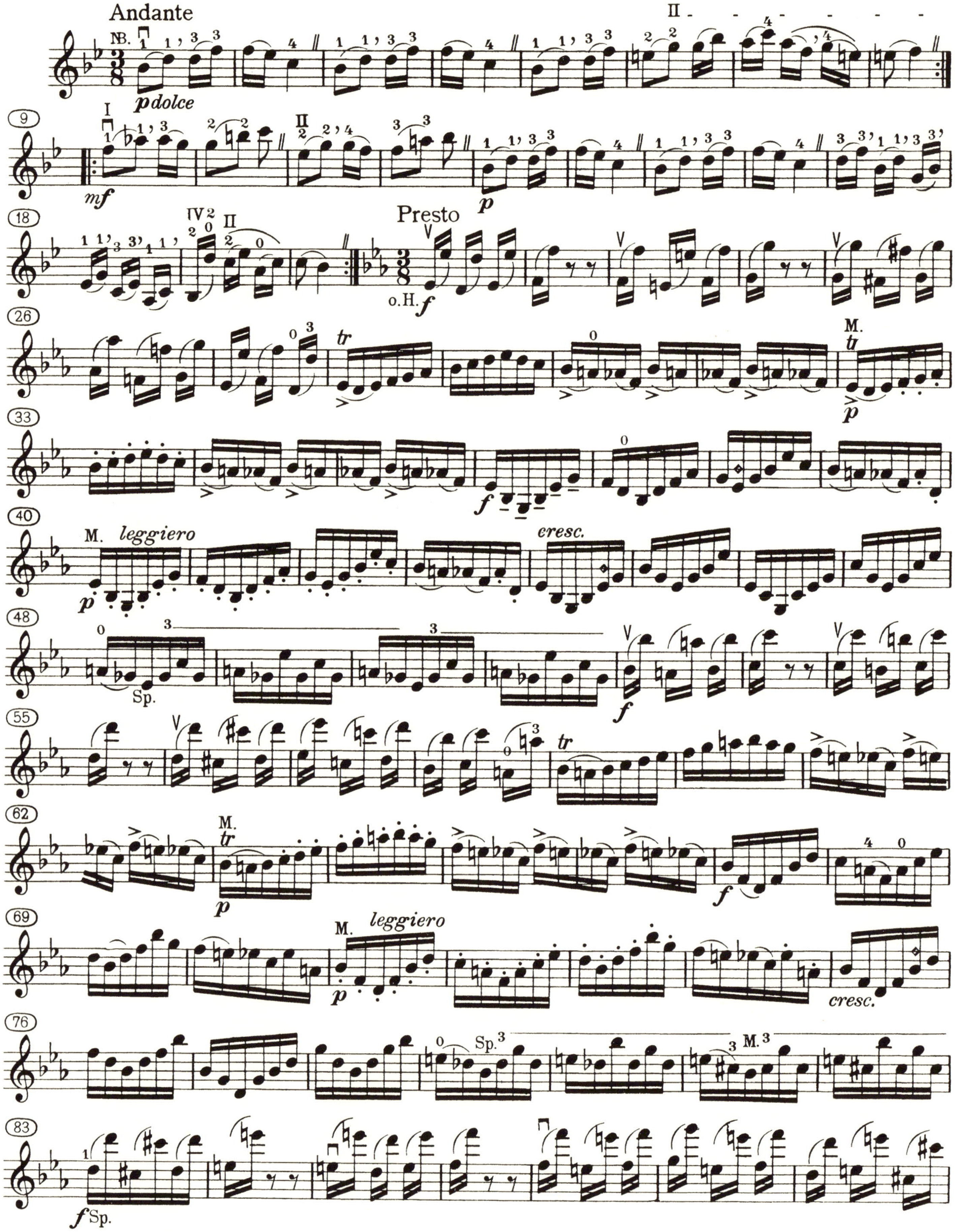

NB. An den mit ' bezeichneten Stellen darf beim Lagenwechsel kein glissando hörbar werden, wenn anders das Thema nicht zur Karikatur verzerrt werden soll.

NB. Aux endroits indiqués par une ' les changements de position ne doivent se faire remarquer par aucun glissando de facon que le thème ne devienne pas une caricature.

NB. In places indicated by ' when changing position, there must be no trace of a glissando, if the theme is not to be distorted.

(liegender Bogen)
(l'archet ne quittant pas la corde)
(the bow resting on the string)

№ 14

№ 15

№ 16

Allegro (non troppo)

*) festes Staccato über den ganzen Bogen
Staccato avec tout l'archet
Staccato with the whole bow

Edition Peters

10763

25

№ 17

№ 18

№ 19

№ 20

Moderato

In der 6. Lage über 3 Saiten
Dans la 6. Position sur 3 cordes
In the 6th position across 3 strings

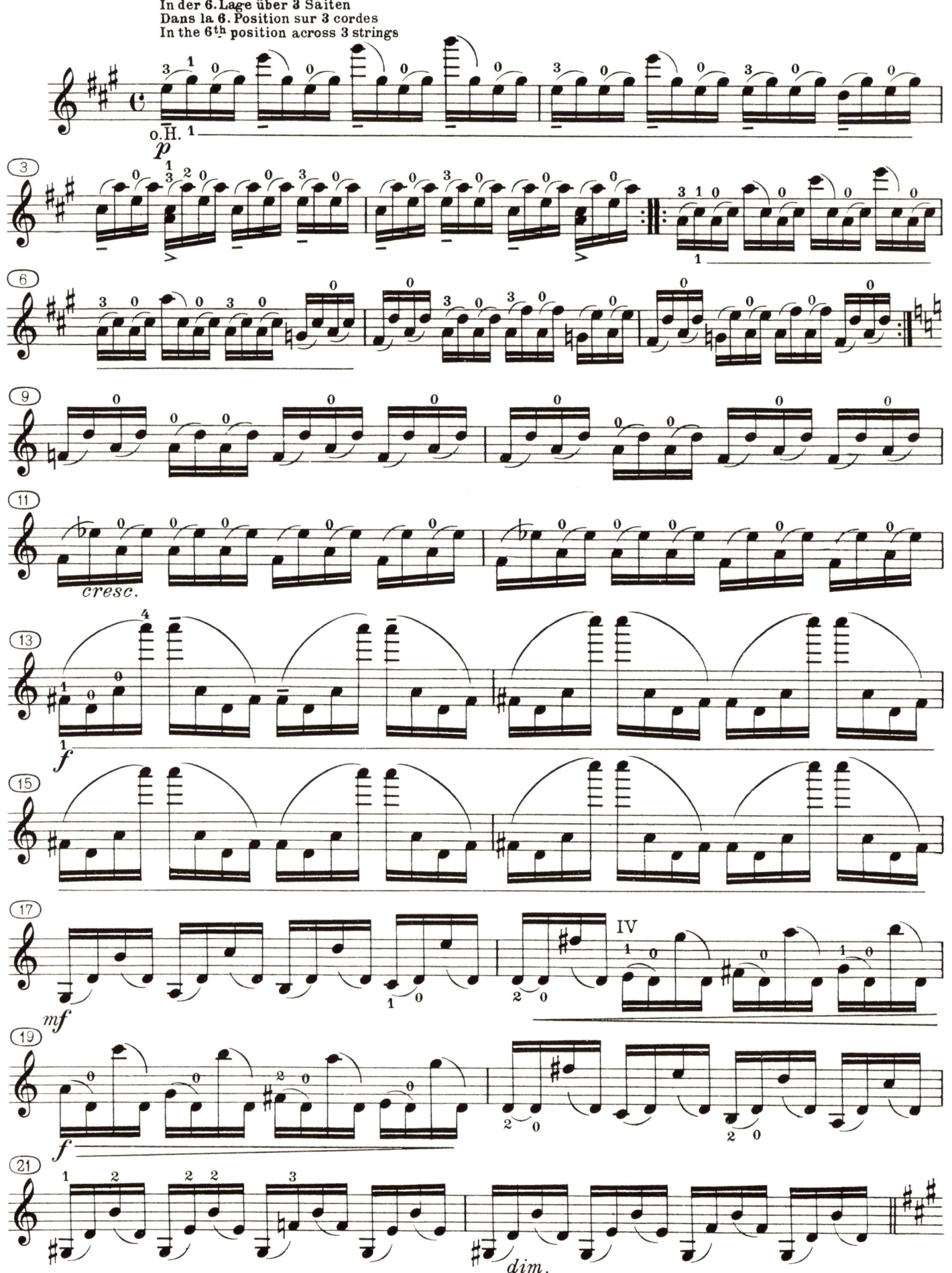

10763

№ 21

№ 22

10763

№ 23

| Die Bässe gut markiert, das dritte Achtel kurz. | Marquez bien la basse, la troisième croche courte. | Accent on the bass notes, the third quaver short. |

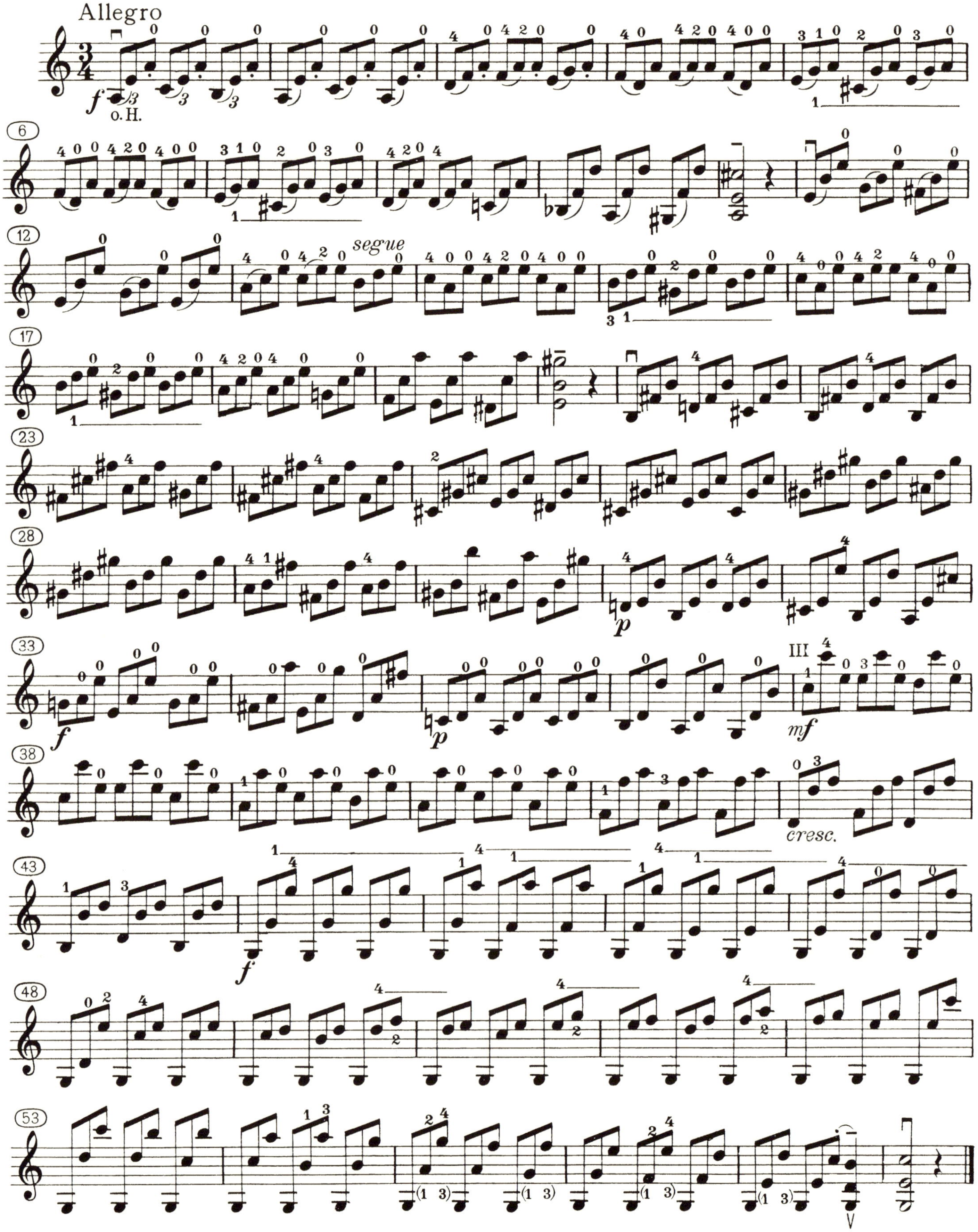

Allegro

№ 24

10763

No. 25

Kein glissando beim Lagenwechsel. | ' Pas de glissade au changement de position. | No glissando when changing position.

No. 26

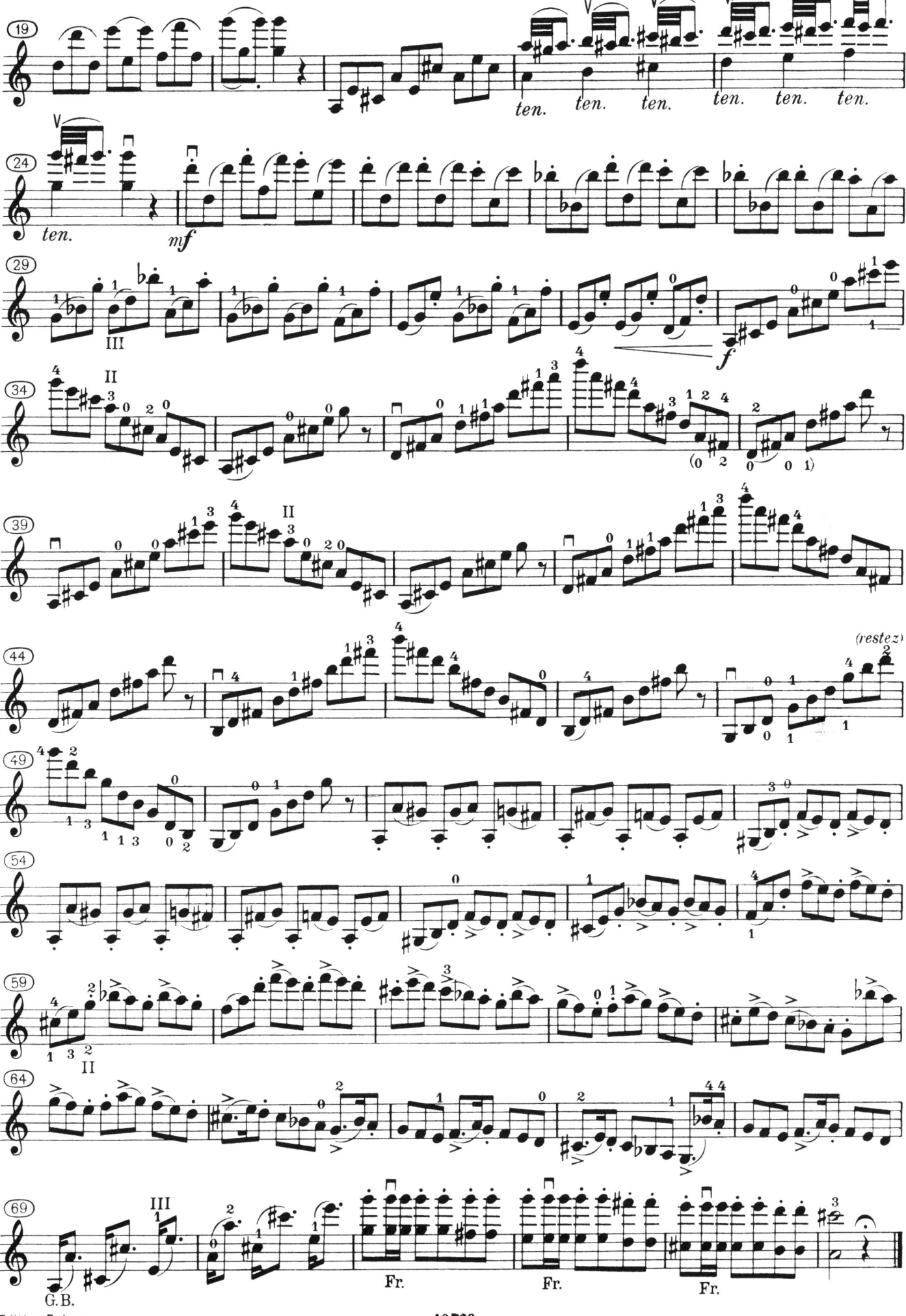

№ 27

10763

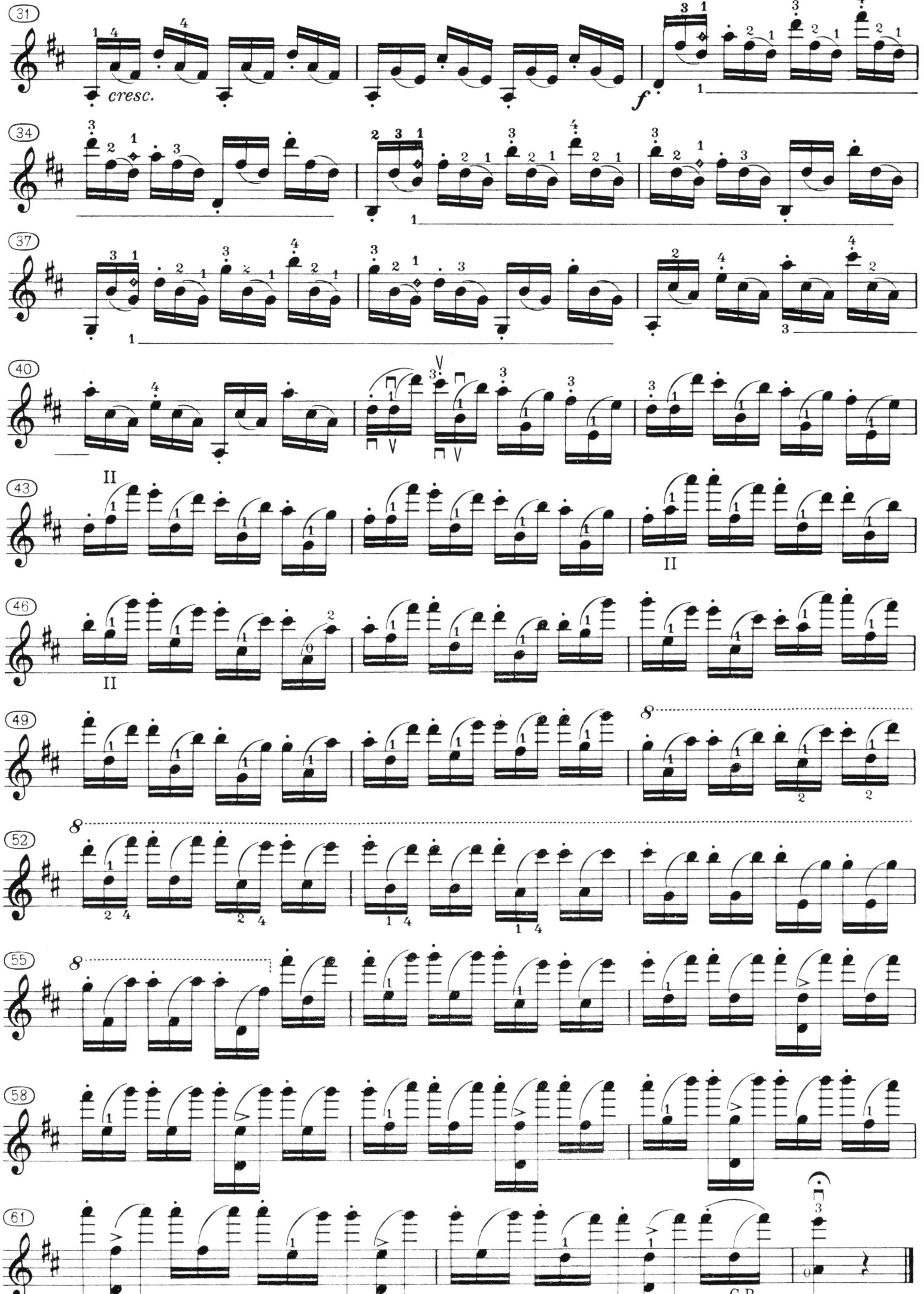
31
cresc.
f
34
37
40
43
II
II
46
II
49
52
55
58
61
G.B.

№ 28

*) ohne Nachschlag
sans terminaison
without grace notes

10763

№ 29

*) Der 1. Finger sogleich auf 2 Saiten
Le premier doigt tout de suite sur deux cordes
The first finger at the same time on two strings

Edition Peters
10763

№ 30

Mit ausgiebiger Benutzung des Schultergelenks. | En employant suffisamment l'articulation de l'épaule. | Using shoulder mouvement very freely.

No. 31

№ 32

Adagio espressivo

Die Melodie muß gut hervortreten.
Le chant doit être très soutenu.
The Melody must be brought out clearly.

№ 33

Allmählich nach dem Frosch zu
Peu à peu vers le talon
Gradually towards the nut

№ 34

Mit breitem Strich! | Allongez l'archet. | With broad bows!

№ 35

Mit breitem Strich! | Allongez l'archet | With broad bows!

№ 36

Vorübung für die linke Hand. | Exercice préparatoire pour la main gauche. | Preparatory exercise for the léft hand.

Verschiedene Arpeggios, um obige Ak- | Différents **arpeges** pour exécuter les | Different arpeggi for the execution of the
korde auszuführen. | accords que ci-dessus. | above chords.

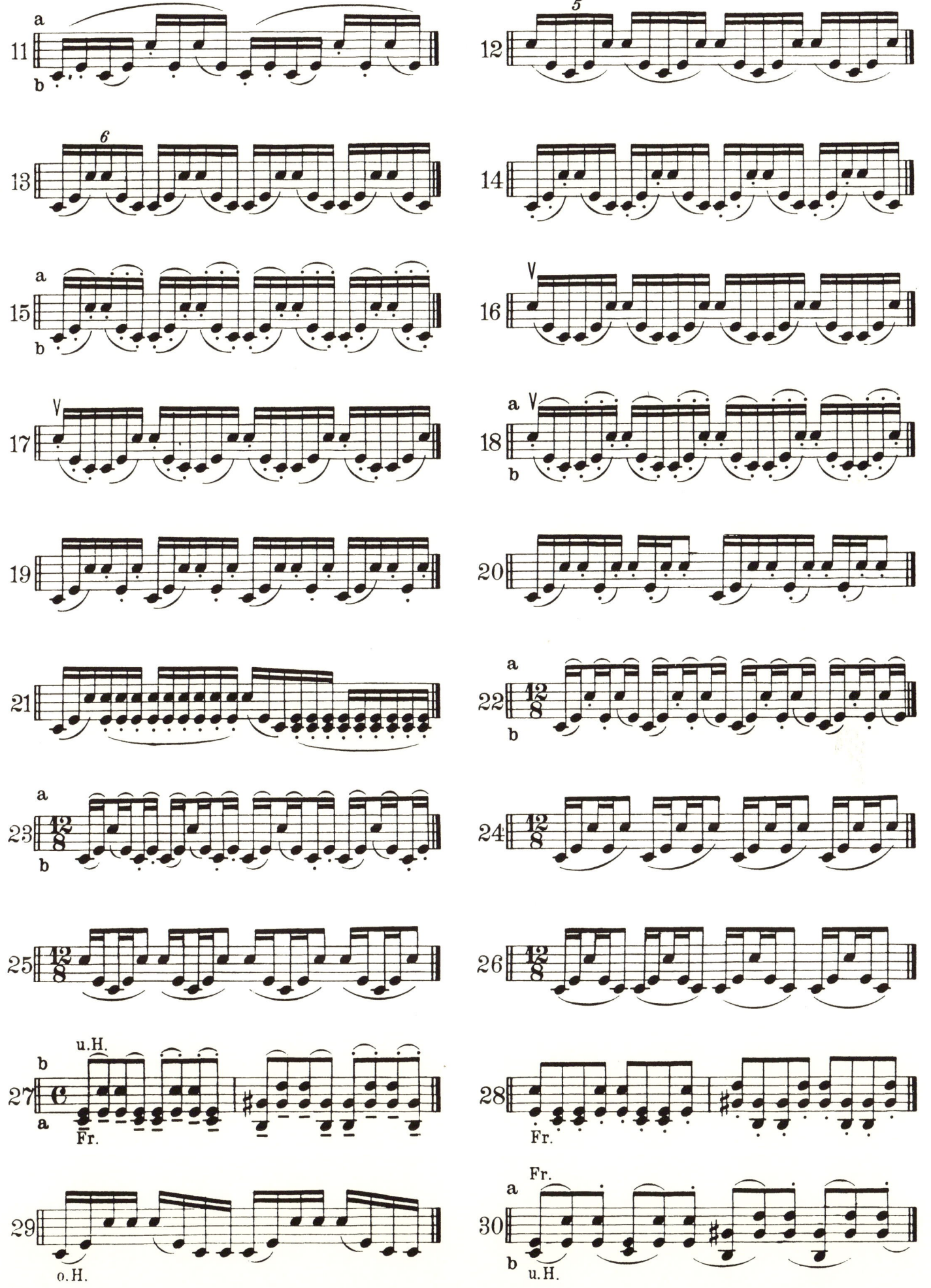

VIOLINKONZERTE
VIOLIN CONCERTOS
Ausgaben für Violine und Klavier / Editions for Violin and Piano

(*) zu diesen Ausgaben ist eine CD mit eingespieltem Orchesterpart erhältlich / (*) Music partner CD with recorded orchestral part available

C. F. PETERS · FRANKFURT/M. · LEIPZIG · LONDON · NEW YORK
www.edition-peters.de · www.edition-peters.com

27/00